# UN ELDORADO AFRICAIN

MEAUX. — IMPRIMERIE A. COCHET.

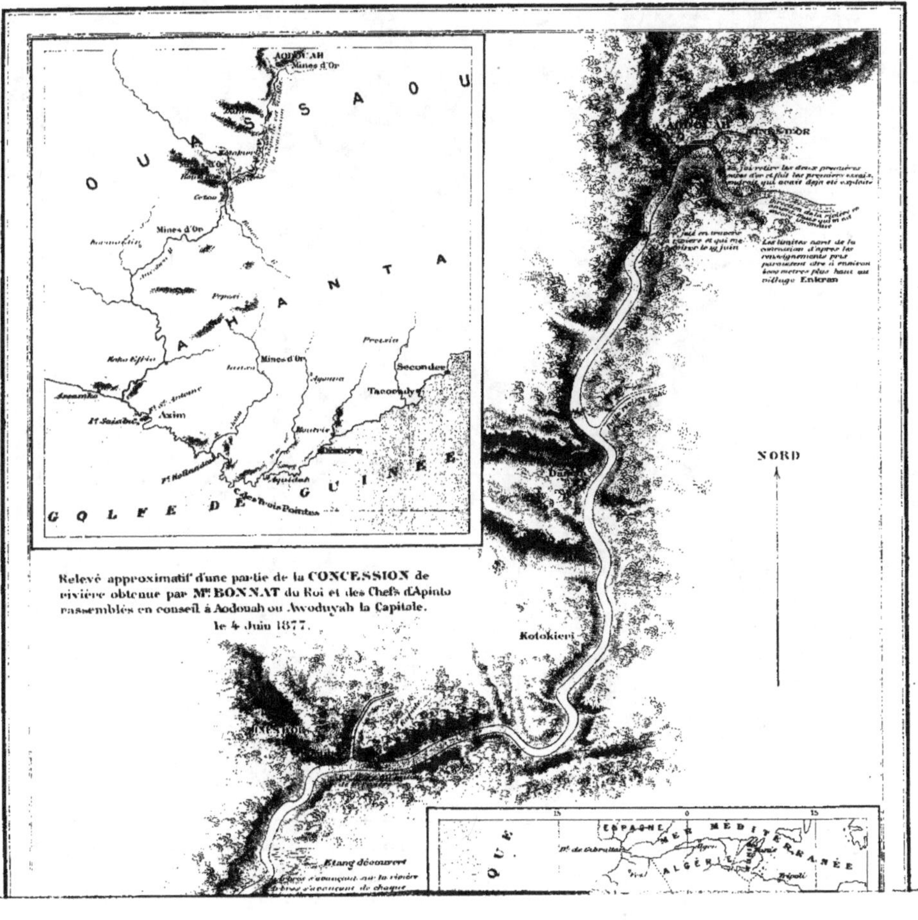


Relevé approximatif d'une partie de la **CONCESSION** de rivière obtenue par M.<sup>r</sup> **BONNAT** du Roi et des Chefs d'Apinto rassemblés en conseil à Aodouah ou Awoduyah la Capitale. le 4 Juin 1877.

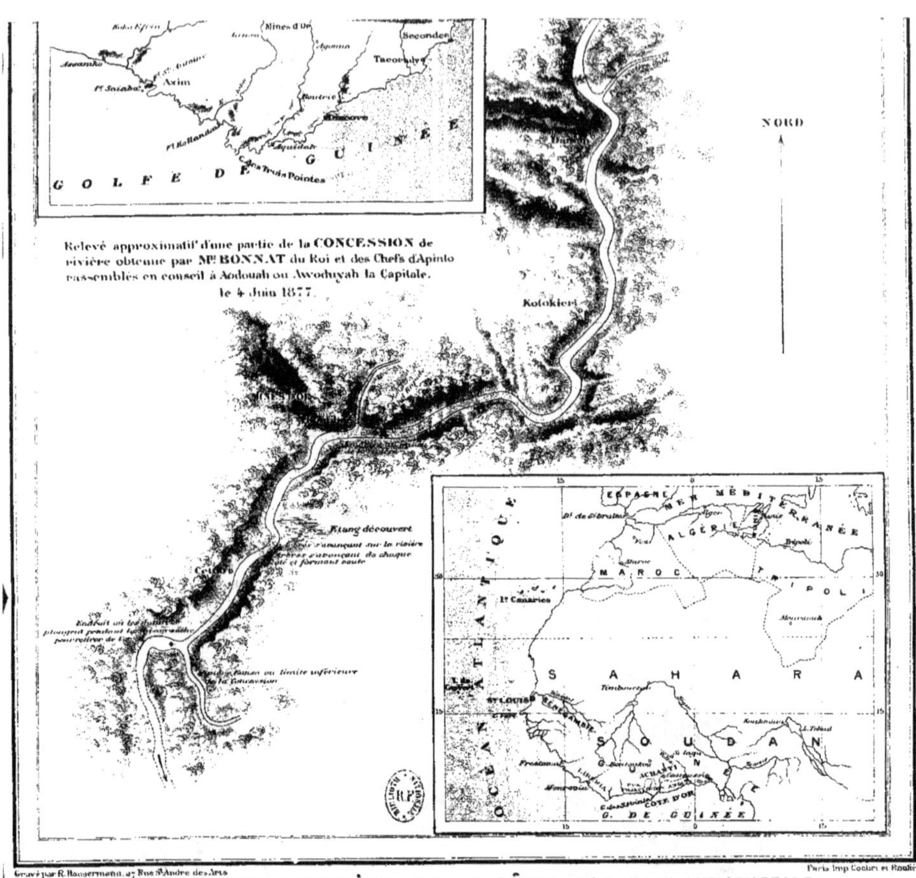


Gravé par R. Hausermann, 27 Rue St André des Arts

Paris Imp Cochet et Roulir

# EXPLORATION AURIFÈRE DE LA CÔTE D'OR (AFRIQUE CENTRALE)
## Étendue de la Concession 3o Kilomètres environ.

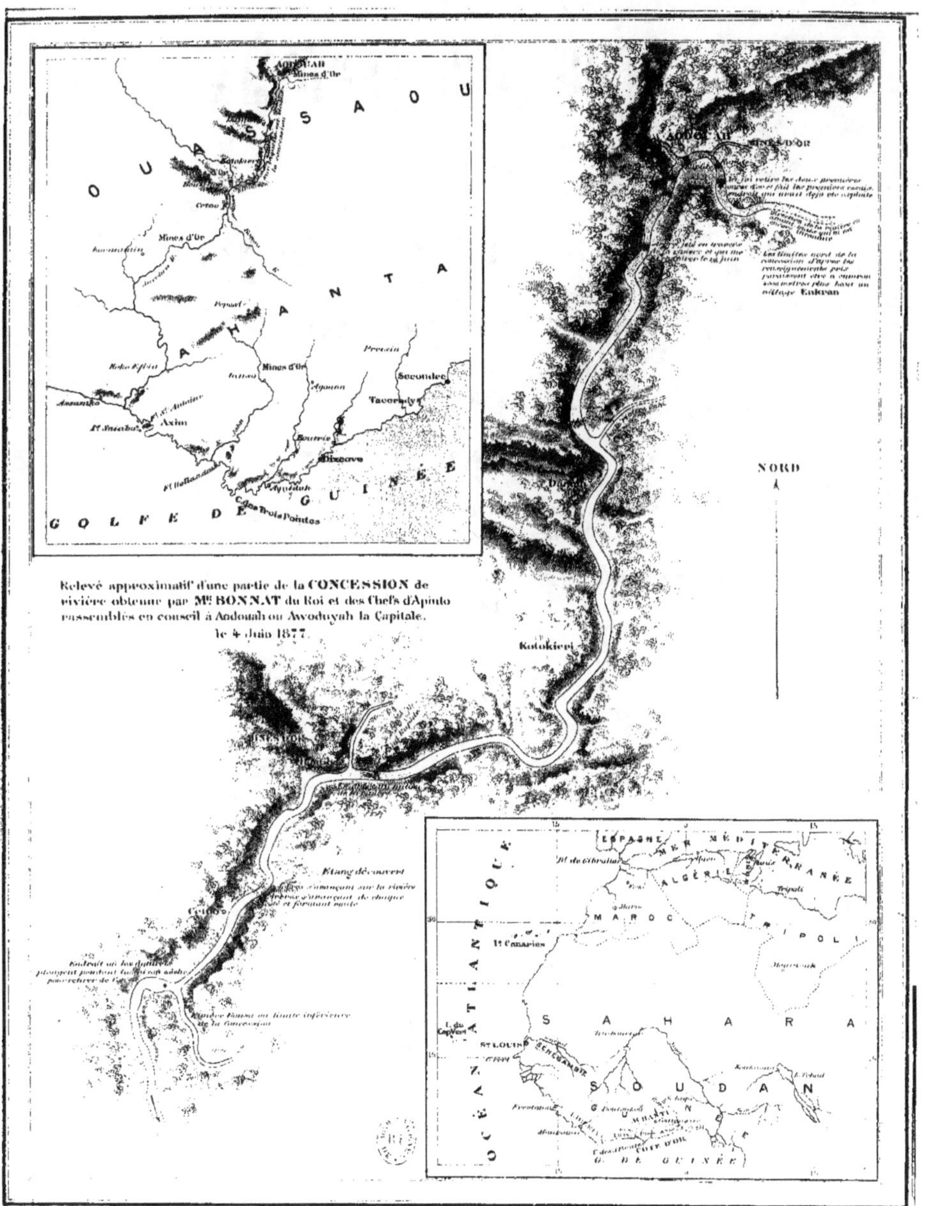


Relevé approximatif d'une partie de la **CONCESSION** de rivière obtenue par M<sup>r</sup> **BONNAT** du Roi et des Chefs d'Apinto rassemblés en conseil à Andouah ou Awoduyah la Capitale. le 4 Juin 1877.

# UN ELDORADO AFRICAIN

ET LES

## EXPLORATIONS DE M. J. BONNAT

### SUR LA COTE DE LA GUINÉE

PAR

## P. TOURNAFOND

Membre de la Société de Géographie de France, de la Société des Etudes
Maritimes et Coloniales

Membre délégué à l'Administration de la Société de Géographie Commerciale
de Paris

SOCIÉTÉ DES MINES D'OR DE L'AFRIQUE OCCIDENTALE

4, RUE DROUOT, 4

PARIS 1877

# UN ELDORADO AFRICAIN

ET LES

## EXPLORATIONS DE M. J. BONNAT

SUR LA COTE DE GUINÉE

I

La géographie militante compte aujourd'hui en France de vaillants adeptes au premier rang desquels il faut placer M. J. Bonnat.

Le nom de M. J. Bonnat est désormais acquis à l'histoire contemporaine. Si jeune que soit encore cet explorateur — à peine a-t-il dépassé la trentaine, — il doit à son courage, à son esprit d'initiative, à sa persévérance, aux aventures extraordinaires dont il a été le héros, une réputation qui ne le cède pas à celle des Livingstone et des Cameron.

Né d'une famille pauvre du département de l'Ain, abandonné de bonne heure à lui-même, sans avoir eu le temps de recevoir de l'école primaire une somme suffisante d'enseignements, le jeune Bonnat s'était habitué à ne compter que sur ses propres ressources. A une époque où il semble que le défaut d'instruction et de relations sociales soit un obstacle infranchissable pour toute ambition généreuse, J. Bonnat, ne prenant conseil que de son énergie, acquérait péniblement en gagnant son pain quotidien les connaissances qui lui manquaient. Il conçut très-jeune le projet de conquérir à sa patrie des pays fertiles qui ne gravitent pas encore dans la sphère d'attraction des peuples civilisés.

Il n'avait pas vingt ans, lorsqu'en 1866 il s'embarque sur un petit bâtiment de Bordeaux avec lequel le capitaine, Charles Girard, se proposait d'explorer le Niger. Cette expédition ne fut pas heureuse son chef, manquant de subventions, prit un jour la résolution de se livrer au transport des huiles de palme.

M. J. Bonnat ne disposait que d'un léger capital, fruit d'économies péniblement amassées; il était parti pour faire de l'exploration et non pour convoyer des marchandises. Il se détermina à poursuivre seul la noble carrière que ses chefs abandonnaient.

Il se fit débarquer à la Côte des Esclaves, et, porteur d'une petite pacotille, il pénétra dans les terres au milieu de ces populations noires, dont les voyageurs nous ont fait un si lugubre tableau. Il eut le talent de s'en faire bien accueillir et de captiver leur amitié, grâce à son activité, grâce surtout à son honnêteté, — car cette dernière qualité est aussi vivement appréciée chez la race noire que chez la race blanche, — il commença à jeter les bases d'un établissement sérieux.

Cette prospérité ne fut pas de longue durée. Un matin le village où il résidait se trouva cerné par les Achantis; toute la population fut réduite en esclavage. M. Bonnat perdit, du même coup, le fruit de son travail et sa liberté; il fut emmené avec ses compagnons d'infortune dans l'intérieur des terres.

Cette captivité dura cinq ans; elle fut très-dure dans les débuts; heureusement pour M. Bonnat, un prince Achanti prit le jeune blanc en affection, utilisa son activité et ses connaissances, et lui permit de jouir d'une liberté relative.

M. Bonnat, malgré son extrême jeunesse ne tarda pas à acquérir un grand crédit auprès du gouvernement local; il en profita pour plaider la cause de l'humanité et de la civilisation, et sa voix fut presque toujours entendue. Il avait appris la langue du pays, il étudiait les mœurs des habitants, les ressources de ces contrées fertiles; il faisait valoir auprès des chefs Achantis les avantages qui résulteraient de l'ouverture de leurs marchés au commerce européen. On l'écoutait non-seulement avec déférence mais avec une sorte de docilité; il est vrai qu'il donnait l'exemple de la sobriété, du travail, de la continence, et ses vertus parlaient encore plus éloquemment que ses discours. La persuasion qu'il sut faire pénétrer chez les princes noirs peut être considérée comme une véritable révolution économique dans les idées africaines.

On a dit à juste titre de M. Bonnat qu'il avait renouvelé auprès du puissant monarque des Achantis la tradition biblique de Joseph chez les Pharaons. Il était devenu l'âme et l'inspirateur du seul peuple noir qui fût parvenu à constituer une société forte et homogène ; mais cette force et cette homogénéité mêmes entrainaient des compétitions et des intrigues qui amenèrent une hostilité déclarée entre les blancs de la côte et les noirs de l'intérieur. De là cette funeste guerre qui aboutit à la prise et à la destruction de Coumassie et dont la seule sanction fut la délivrance des Européens que les Achantis retenaient prisonniers.

M. Bonnat était au nombre des affranchis. Il ne se sépara pas sans regret de ce peuple primitif où il avait été traité comme un enfant d'adoption et lui promit qu'il reviendrait en médiateur.

Cependant il devait à l'Angleterre de revoir son pays natal beaucoup plus tôt qu'il n'aurait pu l'espérer. Après quelques semaines d'un repos bien gagné, il adressa un appel à nos capitalistes en les invitant à ouvrir un vaste marché commercial dans l'Afrique occidentale ; cet appel qui était adressé à la France fut entendu... en Angleterre. L'année ne s'était pas écoulée que M. Bonnat repartait pour la côte de Guinée en qualité de fondé de pouvoirs d'une maison anglaise.

Le courageux explorateur n'avait pas accepté cette solution sans amertume, mais il conservait l'espoir d'en faire bénéficier ses compatriotes. Il revint à Coumassie, qui était relevée de ses cendres. Son retour y provoqua un enthousiasme extrême. Le roi et toute la cour étaient venus à sa rencontre, et des fêtes splendides furent données en son honneur. Les Achantis auraient voulu le garder à Coumassie, mais il leur fit comprendre qu'il s'agissait maintenant de réaliser les projets sur lesquels on était depuis longtemps tombé d'accord.

La ville la plus commerçante du Soudan occidental est Salaga, dans laquelle aucun Européen n'avait encore mis le pied. Salaga relevait de la suzeraineté du roi des Achantis ; cet important marché rayonnait sur toute l'Afrique ; les commerçants y venaient du golfe de Guinée par le fleuve Volta, du lac Tchad par les contrées les plus fertiles du Soudan central, de Tripoli et du Maroc par les solitudes du Sahara ; on y échangeait les soieries, les armes, les tissus et les

parfums des pays musulmans contre le sel, la poudre d'or et les différentes productions du pays.

M. Bonnat demanda au roi des Achantis de lui ouvrir l'accès de
Salaga. Il obtint cette permission, la première qui eût été accordée à
un blanc. Le roi lui fournit même les hommes et les ressources nécessaires à l'exécution de ses projets. Il partit pour Salaga à travers
les vastes territoires de l'Achanty.

Comme il traversait un pays tributaire du grand empire nègre, li
fut arrêté par une troupe armée que le roi de Djuabin avait envoyée
à sa poursuite. Ce roi de Djuabin était un vassal des Achantis qui
comptait sur l'aide des blancs pour se constituer un empire indépen-
dant. M. Bonnat vit les hommes de son escorte mis aux fers sous ses
yeux; lui-même eût été tué s'il n'avait pas rappelé aux habitants du
pays qu'ils allaient encourir une redoutable responsabilité vis-à-vis
de leurs suzerains. Cependant, il fut jeté en prison; mais, comme
on l'avait admis à plaider sa cause, il déploya tant de sang-froid,
d'énergie et d'éloquence, que les autorités locales lui rendirent la
liberté.

Bien leur en prit, car le roi des Achantis, ayant appris l'arrestation
de M. Bonnat et la révolte des Djuabins, marcha contre les insurgés,
les défit et les dépouilla de leur territoire.

M. Bonnat n'avait même pas attendu le triomphe de sa cause; il
avait profité de la première issue pour se rendre aux bouches du
Volta, qu'il remonta jusqu'à Salaga. Là, il put se rendre compte
par lui-même de l'importance commerciale de cette ville, où il établit
un comptoir; deux ou trois autres petits entrepôts furent également
fondés par lui le long du Volta.

Tout allait donc au gré de ses désirs, lorsqu'il eut à subir de nouvelles épreuves, moins cruelles, sans doute, mais plus écœurantes
pour un homme de sa trempe. La maison de Liverpool, pour le
compte de laquelle il agissait, voyant que la campagne était assurée
à son profit, prétendit exclure l'explorateur des bénéfices qu'elle lui
avait garantis. Bonnat dut revenir en Angleterre pour soutenir un
procès contre ses commanditaires. Quoique ceux-ci fussent Anglais,
qu'il fût Français et accusé d'avoir cherché à favoriser des entreprises françaises chez les Achantis, il obtint encore gain de cause.

Dautres capitaux lui étaient offerts en Angleterre ; il essaya cependant, sur l'initiative de M. Bazin, une nouvelle tentative dans son pays natal. Cette fois il fut plus heureux. La Société de géographie de France et la Société de géographie commerciale de Paris s'étaient intéressées à ses travaux, à ses malheurs, à son courage (1). Il leur fit un exposé des brillantes ressources que la côte de Guinée présentait aux entreprises commerciales et du vaste champ qu'elle offrait aux conquêtes pacifiques da la civilisation ; il s'acquit du premier coup et sans réserves les sympathies et les encouragements de ses éminents auditeurs. Le jeune et vaillant explorateur étonna ceux-là mêmes qui le savaient dénué des enseignements de l'école. Son éloquence était chaude et pénétrante ; elle s'inspirait de convictions péniblement acquises et démontrées jusqu'à l'évidence. Cet enfant, parti de rien qui avait lutté victorieusement contre tant d'ennemis puissants, qui était sorti sain et sauf de tant de périls et qui venait déclarer que chaque épreuve avait apporté un nouveau ressort à son activité apparut alors sous son véritable jour. La presse le combla d'éloges, le roi des Belges voulut le voir et l'invita à sa table ; chacun chez nous voulait lui faire fête ; mais il n'était pas venu chercher des honneurs ; il réclamait des auxiliaires pour son œuvre.

Ces premiers auxiliaires furent trouvés parmi ses amis de France et d'Angleterre qui lui assurèrent un petit capital. M. Bonnat avait signalé que la plupart des contrées fertiles qui appellent les entreprises des colons offrent pour première ressource immédiate l'exploitation des forêts, à une certaine distance du littoral, et que la côte de Guinée était particulièrement riche en grands arbres et en essences précieuses, mais que si l'on y pouvait ajouter une autre exploitation immédiate et fructueuse, telle que celle de l'or, les avantages devaient être immédiatement doublés.

Un négociant indigène, M. Dawson, s'était porté garant des assertions de M. Bonnat au point de vue des richesses de l'exploitation aurifère, il avait appelé l'attention des capitalistes européens sur les bénéfices énormes qu'ils pouvaient retirer du lavage des sables.

Les mines d'or de Ouassao paieraient immédiatement, disait-il,

(1) Voir *l'Exploration*, qui a reproduit in extenso les communications de M. Bonnat à nos Sociétés de géographie, dans ses douzième et treizième livraisons. (Paris, 24, rue Taitbout).

à elles seules plus de trois cents pour cent des premières dépenses à faire, si l'on disposait d'une drague en même temps que d'un bateau convoyeur construit de façon à naviguer sur les rivières Prah et Axim.

« Je sais, ajoutait M. Dawson, que par le lavage des sables auri-
« frères des plongeurs nègres font une moyenne de six à huit livres
« sterling par jour en n'employant qu'un simple plat en fer avec
« lequel ils plongent et grattent le fond de la rivière. Mais avant
« qu'ils soient remontés à la surface, plus de la moitié de leur récolte
« est forcément retombée au fond ; quelle quantité donc ne remon-
« terait-on pas avec un appareil comme celui dont j'ai parlé plus
« haut ? »

Ce n'était pas assurément un fait nouveau que signalaient MM. Bonnat et Dawson. C'était tout au plus l'attestation de la richesse des gisements aurifères qui ont donné leur nom à la *Côte d'or*. Ce point acquis, il importait d'examiner pour quelles raisons les Européens n'avaient pas depuis longtemps tiré profit de ces immenses richesses naturelles et s'étaient bornés jusqu'à ce jour à acheter les produits des laveurs indigènes en même temps que les autres marchandises que les naturels apportent d'eux-mêmes aux comptoirs du littoral.

La première condition requise pour l'établissement d'une exploitation industrielle est la possession du terrain d'exploitation, ou du moins la sécurité de séjour sur ce terrain; et les noirs du littoral de la côte de Guinée, en tolérant l'établissement de comptoirs sur le bord même de la mer, se sont toujours opposés à l'introduction des blancs dans l'intérieur. Il ne fallait rien moins que le crédit miraculeux que s'est acquis M. Bonnat pour obtenir une concession de cette nature. La captivité de notre compatriote lui a créé chez les Achantis une famille d'adoption dont la protection toute puissante s'étend à toutes ses entreprises. La situation politique s'est d'ailleurs profondément modifiée depuis les expéditions militaires anglaises qui ont rayonné plus ou moins avant dans l'intérieur des terres.

Il y a une vingtaine d'années à peine, les naturels se trouvaient encore en présence de comptoirs appartenant à diverses nationalités, comptoirs dont les agents étaient presque toujours en hostilité les uns avec les autres. Depuis que les Hollandais ont cédé leurs établissements à l'Angleterre, depuis que les Français et d'autres peuples ont abandonné sinon de droit, au moins de fait, la plupart de leurs anciens établissements de la Côte-d'Or, l'Angleterre est la seule puissance blanche à laquelle les noirs aient aujourd'hui affaire. La réduction à l'unité de ces blancs dont ils avaient jusqu'alors utilisé les rivalités, les épouvanta d'abord, ils ne tardèrent pas à apprécier les avantages que leur offrait la colonisation anglaise, la plus libérale de toutes les colonisations, parce qu'elle laisse non-seulement leur autonomie aux pays qu'elle occupe, mais parce qu'elle favorise l'autonomie des résidents étrangers. Les Achantis n'ayant plus à attendre des rivalités européennes du littoral les secours en armes et en munitions qu'ils pouvaient en espérer, comprirent du même coup la nécessité d'ouvrir l'accès de leurs marchés à toutes les nations maritimes de manière à sauvegarder pour eux-mêmes la liberté de leurs accès vers la mer.

La lutte n'existe donc plus à proprement parler sur le terrain politique ; elle s'est affirmée depuis peu de temps sur le terrain économique ; elle tend à abaisser les barrières. Le moment est donc essentiellement propice pour la création de premiers établissements dans l'intérieur avec le concours des indigènes. C'est là ce qu'a vu le premier M. Bonnat ; ce sont là les errements vers lesquels il a trouvé les Achantis et leurs alliés tout prêts à le suivre.

Déjà, dans son grand voyage, notre explorateur avait obtenu la concession d'immenses étendues de terrain le long de la rivière Volta. Cette concession sanctionnée par contrat selon les usages du pays a été fidèlement maintenue ; M. Bonnat a pu retrouver ses premiers établissements et, tout faibles qu'ils soient, les retrouver scrupuleusement respectés à une distance considérable du littoral. C'est là un fait nouveau dans ces régions dont les Européens étaient autrefois rigoureusement exclus.

La sécurité qui faisait défaut aux établissements des blancs à quelque distance de la mer est donc aujourd'hui accordée, sinon aux Européens en général, du moins à un Européen qui peut en amener d'autres et les couvrir de sa responsabilité. Tout l'honneur de cette grande réforme revient à notre jeune compatriote et l'on ne peut que l'en féliciter, car il est devenu en quelque sorte l'introducteur de la civilisation moderne dans les pays soumis plus ou moins directement à l'immense domination des Achantis. Les Anglais de la côte, aussi bien que les Anglais de la métropole, l'en ont félicité aussi vivement que nous.

Si les Achantis se montrent désireux de nouer à l'amiable des relations commerciales avec l'Europe, les Anglais eux-mêmes acceptent avec empressement cette solution pacifique d'un conflit qu'ils ne pouvaient autrefois résoudre que par les armes.

## III

C'est dans le courant du mois de mars dernier que M. Bonnat est parti de Liverpool avec le fils aîné de M. l'ingénieur Bazin et deux autres Français.

Le groupe franco-anglais qui s'était constitué en vue des dépenses et des risques d'une sérieuse exploration l'avait chargé de se faire concéder, par les chefs du pays, le terrain sur lequel se trouveraient à la fois les gisements aurifères les plus riches et se recueilleraient les produits naturels les plus précieux.

Avec cette activité extraordinaire qui caractérise M. Bonnat et en dépit de la cruelle épreuve que lui infligea la mort de Georges Bazin, notre compatriote se mit en campagne à travers plaines, forêts et fleuves, réunissant tous les renseignements que sa connaissance des lieux, de la langue et des mœurs lui permettaient de se procurer. Nous sommes en état de pouvoir suivre ses travaux au jour le jour et d'extraire de ses lettres les passages qui doivent édifier nos lecteurs. On y trouvera bien des révélations curieuses; on y verra que les régions du Prah et de l'Axim sont une véritable Californie pour le monde des Noirs, Californie où les chercheurs d'or, nègres qui travaillent comme des enfants, se pressent dans certains endroits par milliers, courant aux couches superficielles, munis d'outils grossiers, abandonnant les meilleurs places quand il faut creuser trop avant, lutter avec les infiltrations ou conjurer les éboulements.

Mais ce qui nous étonnera bien autrement encore, ce sera de voir les richesses végétales des luxuriantes forêts des tropiques restées intactes à quelques lieues de la côte, alors qu'elles auraient dû fournir à l'industrie et au commerce maritime d'inépuisables ressources.

M. Bonnat et ses compagnons étaient partis de Paris emportant avec eux les nouveaux outils dus à l'esprit inventif de l'ingénieur Ernest Bazin ; ce sont des pipettes destinées à sonder les sables auri-

fères et des laveurs à procédé rapide. Ils se proposaient de travailler
en pleine rivière, sur des radeaux, mais le naufrage d'une de leurs
pirogues leur fit perdre les rivets qui devaient serrer les cercles de
fer des tonneaux destinés à supporter les radeaux. M. Bonnat suppléa
tant bien que mal à cette lacune et s'installa sur la rivière Axim ;
cependant il constata que le lit de la rivière n'était pas composé d'un
fond de sables, mais d'une couche de pierres et de graviers, couche
qu'il fallait traverser avant d'atteindre les sables aurifères. Pour
s'assurer de la nature et de la richesse du terrain, il fit venir trois
plongeurs indigènes qui avaient déjà travaillé à cet endroit.

Le trou qu'ils avaient antérieurement creusé ayant été en partie
comblé par du nouveau gravier, qu'avaient entraîné les dernières
crues, « il leur fallut, dit M. Bonnat (1), dans une lettre adressée à
» M. Vérillon, directeur de la Société des mines d'or de l'Afrique
» Occidentale, passer une partie de la journée à plonger avec
» un plat de bois pour déblayer le trou de ses galets ; ce tra-
» vail fut long et rendu plus pénible encore par des éboule-
» ments. Enfin ils affleurèrent la véritable couche riche qui se
» compose de sable ou d'une terre très-blanche, un peu argileuse.
» Le plongeur qui travaillait à ce moment revint triomphant, nous
» montra l'outil en fer dont il se servait et nous pûmes y voir dis-
» tinctement l'or. On fit laver par des femmes et en un instant on
» obtint la valeur de 10 schelings d'or. Les plongeurs se remirent au
» travail disant qu'ils étaient sur le point d'atteindre les couches
» riches situées plus avant, lorsqu'un nouvel éboulement plus consi-
» dérable que les autres vint les arrêter dans leur travail. Chacun
» d'eux avait plongé pendant plus de trois heures, et la fatigue ne
» leur permettait pas de continuer.

« Ce premier essai m'a déjà convaincu, car si, dans le fonds d'un
» trou, c'est-à-dire dans un espace qui avait moins d'un pied de
» diamètre, à la surface seule de la couche aurifère et dans un en-
» droit déjà exploité, on a trouvé la valeur de 10 schelings dans une
» poignée de terre, que serait-ce si l'on avait atteint le cœur du
» gisement ? »

« Cet endroit n'est pas une exception, la couche aurifère s'étend

(1) Lettre datée d'Axim, 15 mai 1877.

» sur un parcours de la rivière long de trente milles et je ne compte
» pas les principaux affluents qui sont aussi riches.

« Pour atteindre ces couches où l'on trouverait assez d'or pour en
» *saupoudrer les boulevards de la Madeleine à la Bastille*, il faut abso-
» lument enlever les couches supérieures qui varient de deux mètres
» à deux mètres et demi, quelquefois moins. Ce serait folie de creu-
» ser des trous çà et là quand on pourrait procéder à un enlèvement
» méthodique de la couverture de galets. »

Ici M. Bonnat s'enquiert des appareils hydrauliques les plus
appropriés à ce genre d'opérations et il signale que la saison du travail
en rivière serait celle de décembre à mai, les pluies et par suite la
crue des eaux pendant les autres mois rendant les fouilles très-
difficiles sinon impossibles.

« J'ai ordonné des sondages dans différentes directions, et il peut
» se faire que l'on trouve des endroits plus propices aux pipettes.
» Je n'ai pas encore eu le temps de visiter les mines d'or voisines, où
» cependant il y a une foule de gens. A une heure et demie d'Aodouah,
» il y a des placers bien riches, dit-on, et où l'on trouve l'or en assez
» grandes pépites, entre des couches de pierre tendre et à quatre
» mètres de profondeur ; seulement l'eau en a délogé les travail-
» leurs, quoiqu'elles soient plus riches que celles de Taquoi, où il y
» a en ce moment plusieurs milliers de mineurs. Je me propose d'y
» aller et voir si on pourrait y utiliser des pompes. Je me propose
» aussi de faire faire des excavations en plusieurs endroits, quand les
» hautes eaux ne me permettront pas de travailler à la rivière.

« L'or ne me fait cependant pas fermer l'œil sur ce qui, d'un autre
» côté, pourrait contribuer au succès de nos entreprises : frappé par
» la beauté et la quantité de bois splendides des environs d'Aodouah,
» j'ai fait abattre plusieurs arbres par mon charpentier, qui est en
» train actuellement de préparer des échantillons de cèdre, de palis-
» sandre, d'acajou et de plusieurs autres bois remarquables. Ce
» sera prêt la semaine prochaine et je vous les enverrai aussi vite
» que possible. Ils ne coûteraient naturellement rien ici ; il n'y au-
» rait que le travail et le transport.

« P. S. *Je* vous envoie les 13 schelings en poudre d'or comme
» échantillon ; c'est l'or le plus beau et le plus pur que l'on puisse
» trouver. »

*Axim, 26 mai 1877.*

Monsieur Vérillon, 4, rue Drouot, Paris.

« M. Dawson, d'après mes ordres, a continué le travail en mon absence, et malgré de nouvelles pluies qui ont de nouveau rempli le
trou plusieurs fois, ce qui a nécessité un travail long et pénible, il
est arrivé à faire 20 dollars dans ce même endroit. Je vous envoie le
résultat de l'opération, c'est toujours le même or, l'or le plus pur
que l'on puisse trouver.

» Pour tant de travail et de temps, ce résultat pourra vous sembler
médiocre. Cependant, il faut considérer que cette récolte aurifère
n'est dû qu'à des plongeurs qui ont à vaincre toutes sortes de difficultés : 1° les eaux sont trop hautes et, en moyenne, ils n'y peuvent
séjourner que 15 secondes ; 2° leur travail était continuellement re-
tardé par des éboulements qui annulaient en une minute leur œuvre
de plusieurs heures, puis les pluies continuelles, et finalement, ils
n'ont pu travailler que trois jours. On peut dire que ces 24 dollars,
si l'on retranche tous les cailloux et pierres, sont le résultat d'à peine
deux décalitres de la vraie terre ou sable blanc argileux de la couche
aurifère, sortis d'une surface d'environ deux pieds carrés. Si à ces
considérations on ajoute que nos indigènes n'ont pu atteindre la plus
riche couche du dessous, on pourra se faire une idée exacte de la
richesse aurifère des couches inférieures du lit de la rivière.

» Quant à moi, sur mon honneur, je crois pouvoir affirmer ce que je
vous ai dit dans ma dernière lettre : c'est que cette rivière doit être
*une des plus riches du globe, et que son lit contient assez de poudre d'or
pour en couvrir les boulevards ;* et si, à ce jour, je n'ai pu vous envoyer de larges sommes d'or, ce n'est point que ce précieux métal
fasse défaut, que nos informations soient mauvaises, ou encore que
les naturels me soient hostiles ; non, rien de tout cela ; l'or est plus
abondant que je ne le supposais, les naturels sont tout à fait dans ma
main, et je puis avoir la concession de vingt-cinq milles de la plus
riche partie de la rivière avec droit exclusif vis-à-vis des Européens ;
mais les naturels conserveraient la faculté de faire ce qu'ils ont fait
jusqu'ici, c'est-à-dire, de plonger çà et là pendant la saison sèche.

» Cette concession ne nous coûterait pas plus de 200 livres sterling par an, et si je ne l'ai pas prise, c'est que je désirais votre avis préalable. Cependant, la semaine prochaine, je crois que je prendrai sur moi de le faire, y ajoutant une clause par laquelle je pourrai me dédire au bout de trois mois, c'est-à-dire lorsque j'aurai reçu de vos nouvelles. Pour mieux vous convaincre, je vous envoie quelques-uns des cailloux péchés ; ceux qui sont comme du sable blanc viennent de la surface de la couche riche. En les examinant à la loupe vous en trouverez qui ont des veines de cuivre rouge et d'autres de métal blanc.

» J'envoie aussi à M. Radcliffe 3 « selts » *of wood samples ;* quelques-uns des bois dont je vous ai parlé ; ils sont tous marqués et numérotés ; seulement ils ne sont pas secs et je ne sais pas dans quel état ils arriveront. Il y en a un assortiment pour vous, un pour M. Radcliffe et un autre pour M. Mac Ilwraith.

» J'envoie aussi un sac de gommes à M. Radcliffe, qui vous l'enverra après s'être informé du prix de vente en Angleterre. Il y en a beaucoup, dit-on, un peu plus haut dans l'Embrieux. Mais il sera difficile d'en obtenir une certaine quantité des naturels, à moins qu'on leur offre un certain prix.

» Des pompes me seraient précieuses, car il y a à quatre milles d'Aodoua des mines très-riches, abandonnées à cause de l'eau. Je vais y faire une visite.

» Recevez, etc.

Aodoua, 5 juin 1877.

» Monsieur Vérillon, 4, rue Drouot, Paris.

» Je vous confirme ma dernière lettre datée d'Axim, dans laquelle je vous annonçai l'envoi d'un second échantillon d'or de vingt dollars, fruit du travail de M. Dawson, pendant mon absence, ainsi qu'un envoi d'échantillons de bois et de pierres ; ces dernières pour vous convaincre de la nécessité absolue d'envoyer des appareils pour pouvoir draguer l'épaisse couche de gravier qui couvre la riche couche aurifère qui repose dans le fond. De la richesse extraordinaire de cette couche, messieurs, il n'y a pas à douter le moins du monde, car si j'ai pu obtenir deux onces d'or (M. Dawson m'a remis, à mon arrivée ici, une demi-once qu'il avait fait depuis, et toujours dans le même creux) sur une surface d'à peine deux pieds carrés et deux pieds de profondeur dans la couche aurifère et sans même pouvoir atteindre le fond, c'est-à-dire, la *vraie couche*, quel aurait été le résultat si nous avions eu affaire à des sables au lieu de gravier !

» Comme je vous le disais déjà dans ma dernière lettre, nos espérances seraient-elles déçues ? Non, loin de là, elles étaient même en dessous de la vérité. En second lieu, la saison ne nous permet pas de travailler et d'employer même le moyen primitif des naturels (quand les eaux sont basses). Ces moyens seuls, si nous étions arrivés au temps favorable, de décembre au commencement d'avril, auraient pu, j'en suis persuadé, couvrir toutes nos avances.

« Le succès de notre expédition maintenant dépend de vous et des moyens que vous me fournirez en matériel. J'ai suscité l'idée du scaphandre ; peut-être en trouverez-vous de meilleures. En tous cas, je tiendrais à ce que vous m'envoyiez deux scaphandres qui, quoiqu'il arrive, pourront nous rendre les plus grands services, et à eux seuls faire beaucoup de travail, accompagnés de paniers de fer, de pioches, de pics, dragues à main, etc.

» La vraie saison sèche arrivant fin de novembre et durant jusqu'au mois de mars (on me parle, il est vrai, d'une petite saison sèche qui arrivera en août et septembre), il faut, dans tous les cas, différer le terme de notre expédition d'exploration jusque là, attendu que les plus grandes dépenses sont faites et que nous sommes, pour ainsi dire, assurés du succès, succès auquel je viens de joindre une grande garantie : je veux parler de la splendide concession que j'ai obtenue hier et dont je vous envoie un des triples ; j'en garde un, et le chef ou roi garde l'autre. Vous voyez que je l'ai fait faire en mon nom, afin que, dans le cas où vous viendriez à dissoudre votre société, vous ne soyiez nullement en cause. J'y ai ajouté une clause par laquelle si, au mois de décembre, le travail n'était pas commencé, cette concession serait annulée et cela pour me dégager moi-même si votre concours me fait défaut.

» Entre les deux extrémités de la concession, il y a environ dix-sept ou dix-huit milles anglais (30 kilomètres), et c'est la partie la plus riche de la rivière, celle qui contient des rapides qui depuis des milliers d'années retiennent entre eux la poudre d'or amenée des hauteurs. Entre ces rapides dorment bien des millions, à en juger seulement par le peu que nous en avons recueilli. Calculez : 18 milles de long sur 45 mètres en moyenne de large, comptez seulement deux onces par mètre de surface, et chiffrez ce total fabuleux. Et, comme je le dis plus haut et ne pourrais trop le répéter, il n'y a pas de doute possible. La concession nous assure l'entière possession pour dix ans. C'est à nous, tout à fait à nous. La grande popularité que je me suis acquise, et ma santé qui, je l'espère, se conservera, nous placent dans les meilleures conditions possibles, et si je puis compter sur vous comme vous pouvez compter sur moi, nous sommes maîtres d'une exploitation *exceptionnelle*.

» Dans le long entretien que j'ai eu hier avec le roi et les chefs du pays, il a été décidé qu'ils m'indiqueraient leurs plus riches mines et que j'y travaillerais jusqu'à ce que les eaux baissent ; ce qui permettrait à mes kroomen de plonger. Les chefs, hier au soir, m'ont indiqué une mine à quatre milles d'ici où, disent-ils, on a découvert de riches filons d'or entre des couches de quartz à environ trois mètres de profondeur ; ils en ont été délogés par l'eau qu'ils ne pouvaient expulser à l'aide de leurs moyens primitifs. Un ruisseau voisin aurait occasionné les infiltrations ; peut-être suffirait-il de le détourner. Je l'aurais vu aujourd'hui si je n'avais pas eu une petite blessure au pied, que je veux laisser reposer. J'y ai envoyé M. Dawson et dix kroomen pour l'inspection et faire les travaux préparatoires.

» Si j'avais quelques bonnes pompes, elles me seraient d'un puissant secours ; mais je n'en ai pas et je vous prie d'y penser. En attendant, je vais tâcher de détourner le ruisseau et de faire de mon mieux. Ma prochaine lettre vous dira ce que j'ai obtenu.

» Je vous envoie un échantillon de gomme résine qui, je crois, n'est autre chose que de l'encens ; en la réduisant en poudre et la faisant

brûler sur du charbon de bois, elle a absolument le même parfum.
Je vous envoie aussi un échantillon d'écorce d'arbre dont l'amertume
rappelle exactement celle de la quinine. Les naturels l'emploient
contre la fièvre. J'en ai fait macérer dans du gin et j'en bois de temps
en temps comme bitter.

» *Dimanche 9 juin*. — Depuis que j'ai écrit ce qui précède, j'ai passé
trois jours aux mines de Mankouma. Je partis mercredi matin et arrivai à Mankouma une heure et demie après. Ce village étant composé de trois mauvaises huttes seulement, je dus défricher, pour
m'installer avec mes gens, en tout vingt-six personnes, et par une
pluie battante, j'organisai ma grande tente, et fis construire un han-
gar pour les kroomen ; nous pûmes, en conséquence, passer la nuit à
l'abri. Le lendemain, c'est-à-dire jeudi, je visitai les mines abandonnées et envahies par l'eau, je présidai aussi à une organisation
plus régulière de notre campement. Le vendredi je remontai le
ruisseau pour voir s'il était possible de le détourner ; je fis couper
une route dans le bois à l'endroit le plus propice à ce travail. Il me
fallut ensuite procéder au nivellement : mais comment ? Je n'avais
pas de niveau d'eau, ni règle, ni équerre ! Je cherchai donc d'autres
moyens, une caisse de gin vide, à peu près carrée, et deux cartouches
attachées à un morceau de fil à voile, me servirent à cet effet. J'arrivai ainsi à obtenir un niveau à peu près régulier. Je trouvai qu'il
me fallait faire une tranchée d'environ 150 mètres de long et de
12 pieds de profondeur au point culminant ; cette tranchée et un
barrage me permettent de détourner le ruisseau qui a neuf pieds de
large environ.

» Ce travail serait peu de chose en Europe ; ici, avec les moyens
dont je dispose et même avec l'assistance des naturels, il me
prendrait bien au moins trente jours, de sorte que j'hésite un peu.
Dans tous les cas, avant de l'entreprendre, j'ai résolu de me rendre
compte des richesses de la mine. J'ai donc mis immédiatement tous
mes kroomen à l'œuvre avec des seaux et commencé à vider l'eau. Le
même soir nous avions enlevé environ trente tonnes d'eau et il ne
restait plus que la vase qui, au sondage, marquait plus de dix
pieds. Le roi et les chefs d'Aodoua, qui étaient venus me voir, furent
étonnés de notre résultat et me promirent de m'aider la semaine
prochaine. Ce matin, en arrivant au travail, je trouvai de nouveau

sept pieds d'eau que je fis vider. Je commençai du même coup à faire enlever la boue et les détritus de toutes sortes. Lorsque je quittai le travail, cinq pieds de vase seulement me séparaient du fond, c'est-à-dire du filon de quartz qui contient une veine d'or.

» Je suis revenu ce soir pour expédier une pirogue à la côte avec cette lettre et les échantillons dont je vous ai parlé ; j'y joins quelques morceaux du quartz qui forme les couches supérieures, car il contient un métal que je ne connais pas. Je vous envoie aussi de petits morceaux de métal blanc qu'on trouve en très-grande quantité dans la terre glaise de la mine, tout cela pour que vous puissiez vous en rendre compte.

» Comme nous devons travailler à terre et dans les quartz, il me faut de la poudre et des instruments accessoires. Une pompe assez puissante est bien nécessaire.

» Le roi, qui prenait le thé avec moi il n'y a qu'un instant, est un homme très-intelligent et des mieux disposés à mon égard ; il veut contribuer à notre réussite. M. Dawson et moi lui avons fait comprendre l'intérêt qu'il y avait. Tout à l'heure, quand je lui expliquais le mécanisme du scaphandre, il demanda si je pourrais m'en procurer un. Je lui répondis affirmativement. Sa noire figure s'illumina, et il me dit : « Oh ! alors, je te conduirai à ma bourse et nous partagerons. » Je lui demandai ce qu'il voulait dire, et il m'expliqua que dans un certain trou de la rivière, à quelques milles au-dessus des limites de notre concession, il y a tant d'or, que même au bord du trou (car là seulement on peut plonger et même très-rarement), l'or est tellement abondant qu'il dépasse en richesse tous les autres endroits de la rivière ; que là il ne permet à personne d'y aller, que c'est sa bourse à lui, mais que comme on ne peut pas aller au fond où l'or est naturellement en bien plus grande quantité, il me donnerait le trou à travailler avec le scaphandre et que nous partagerions. Ses serviteurs ont fait jusqu'à 30 shelings en plongeant une seule fois, c'est-à-dire en *quinze secondes*. Supposez qu'un scaphandre y fonctionne pendant quelques jours et calculez.

» D'autre part, il y a dans notre concession même beaucoup d'endroits profonds que les plongeurs n'ont jamais pu atteindre, quelques-uns de ces fonds doivent être gorgés d'or ! Nous avons des millions à extraire de cette concession. Si les instruments que je vous demande arrivaient, ne fût-ce que pour la petite saison sèche, nous pourrions déjà couvrir toutes les dépenses d'établissement et réaliser des bénéfices avant même d'attendre les résultats de nos travaux pendant la véritable saison sèche de novembre à mai. A la fin d'octobre et pendant le mois de novembre nous travaillerions aux mines, viendrait alors la grande saison des basses eaux qui dure quatre mois et dans laquelle nous serions tout à fait les maîtres de la situation.

» Dans la caisse d'échantillons que j'adresse à M. Radcliffe pour vous, je mets aussi huit autres dollars de poudre d'or retirée de la rivière (toujours au même endroit) par M. Dawson, après son envoi de vingt dollars. Cela fait en tout deux onces expédiées comme échantillon.

» Ma prochaine lettre vous donnera des détails sur mon travail aux mines de Mankouma où je vais retourner lundi matin après avoir expédié la pirogue à la côte.

» Recevez, etc. »

---

*Bouttiboué, le 29 juin* 1877

« Monsieur Vérillon, 4, rue Drouot, Paris.

« Je vous confirme ma lettre du 5 juin, terminée le 9 et expédiée à la Côte le 10, dans laquelle je vous donnais tous les détails voulus sur la situation et vous envoyais en même temps le double de la concession que je venais d'obtenir, concession qui assure définitivement le succès de votre entreprise.

» En ce qui concerne les *gold diggers* et les entreprises anglaises du même genre que la nôtre, il n'y a rien à craindre. Par un heureux hasard, un jugement rendu par la Cour de justice de Cap-Coast en janvier, cette année, a reconnu la propriété souveraine de cette partie de la colonie au roi d'Aodouah ou d'Awoduyah, dont j'ai obtenu la concession. Les *gold diggers* ont, comme nous, une concession du roi. Cette concession est de 800 mètres carrés, à 22 milles de la rivière Ankor ou Ankobra, c'est-à-dire de notre concession. Ce sont des mines déjà exploitées en partie (comme ils peuvent les exploiter) par les naturels. L'expédition anglaise, qui était aussi une expédition d'exploration comme la nôtre, est arrivée à sa fin. Elle s'est livrée à un travail de trois mois ; maintenant, elle retourne en Europe. J'ai reçu la visite, il y a quelques jours, d'un des chefs de cette expédition, qui était venu saluer le roi avant son départ en Europe, afin d'affirmer sa concession. Il s'entretint longuement avec moi, et il résulte de sa conversation qu'après trois mois de travail et un tunnel de plus de 27 pieds de long, ils sont arrivés à reconnaître qu'ils sont sur le bon *reef*, quoique n'ayant fait en tout que 18 pences d'or (1/6). Ils retournent en Europe pour monter leur affaire sur une grande échelle. Ils parlent d'un capital de 100,000 livres sterling et doivent revenir, avant la vraie saison sèche de décembre, avec de puissantes machines et instruments, pompes, dynamite, etc. Ils peuvent creuser jusqu'à mille pieds de profondeur. Quand ils reviendront, ce sera par Axim, dont ils feront leur entrepôt ; ils amèneront une chaloupe à vapeur qui pourra, par la rivière Ankor et le Bonsa (ce dernier marque une des limites de notre concession), les mettre à 12 milles de leur concession.

» M. Skertdley, qui dirigeait l'expédition, me dit qu'il serait disposé à une entente avec nous en vue d'une assistance mutuelle. Je lui ai répondu que, le cas échéant, je lui promettais de faire ce qui serait en mon pouvoir ; mais je crois qu'il n'y a guère que dans une utilisation commune du paquebot et de la chaloupe à vapeur qu'une entente pourrait être utile.

» Le lundi 11 juin, au matin, après avoir expédié une pirogue emportant votre lettre à la Côte, avec six de mes kroomen, je me dirigeai sur Mankouma, où je fus suivi par le roi, les chefs et une quantité de leurs gens, que j'avais demandés pour m'aider à pénétrer jusqu'à la veine de quartz, dont il m'avait parlé. Ils travaillèrent toute la journée de concert avec mes kroomen, et, le soir, il restait encore plusieurs pieds de vase, terre et pierres, apportées par des éboulements. Les naturels retournèrent à leur village, promettant de revenir le lendemain. Dans la nuit suivante, une partie des

nouveaux kroomen que j'avais engagés prirent la fuite. Le roi et les
chefs, déconcertés par cet événement, ne désiraient pas beaucoup
retourner au travail de la veille. Cependant, je parvins à les décider.
Vers les neuf heures, nous arrivions à Mankouma. Nous nous mîmes au
travail immédiatement. Après avoir épuisé l'eau de la nuit avec des
seaux, nous travaillâmes jusqu'à trois heures de l'après-midi, heure à
laquelle ils parurent découragés. A force de gin et de paroles, je les
forçai à continuer, et ils arrivèrent enfin à approcher la veine en
question et à retirer deux morceaux de quartz de quinze à vingt cen-
timètres carrés, qu'ils me montrèrent triomphalement, puis arrê-
tèrent le travail, disant qu'ils étaient fatigués et que l'eau les gagnait,
ce qui était la vérité; car, avec les seaux et la profondeur, le puisage
était lent et fatigant. Je dus donc renoncer à aller plus avant. Je
cassai ces deux morceaux de quartz et j'en retirai les jolis et riches
spécimens que je vous envoie, et qui, au dire des noirs, ne donnent
qu'une faible idée de la richesse de la veine, qui, plus bas, renferme
un filon d'or avec des pépites de 5, 12 et 15 grammes entre les fis-
sures de quartz. Si mes coquins de kroomen ne m'avaient pas
manqué, je serais arrivé assurément à cette fissure; mais il ne fallait
pas y songer. Heureux et content néanmoins du succès obtenu et des
spécimens qui témoignent assez hautement de l'énorme richesse de
cette mine, je résolus de l'abandonner jusqu'à ce que j'aie reçu votre
avis et les instruments indispensables, tels que pompes et autres
outils nécessaires au travail de mine.

» Le mardi 19, mes préparatifs étant terminés, je m'embarquai dans
une de mes grandes pirogues avec des provisions et tous les outils
nécessaires pour mon exploration des mines de Bouttiboué, et me
dirigeai vers cet endroit en descendant la rivière, qui était excessi-
vement haute, et avec un courant de trois nœuds à l'heure. Vingt
minutes après notre départ, nous arrivâmes devant un arbre déra-
ciné et jeté en travers de la rivière. Une maladresse du naturel qui
gouvernait causa une catastrophe des plus déplorables : nous man-
quâmes la passe étroite qui restait libre et donnâmes dans une forte
branche qui chavira notre pirogue avec tout son contenu, par plus
de vingt pieds d'eau. En quelques secondes, votre chef d'expédition,
ses gens, ses provisions, etc., se trouvèrent au milieu du courant,
dans une position bien moins qu'enviable. Par bonheur, la pirogue,
étant déchargée de son contenu, remonta et présenta sa quille comme

une planche de salut. M. Dawson, étant le plus près, fut le premier à en profiter et fut bien vite établi dessus. Je me dirigeai de son côté, et, après lui avoir recommandé de se placer du côté opposé pour conserver l'équilibre nécessaire, je m'installai à mon tour. Nous étions emportés par le courant; je pus saisir une pagaye qui flottait et qui m'aida à maintenir ainsi en bonne voie notre esquif mal équilibré. Plusieurs objets flottaient autour de nous et nous suivaient à distance : là c'était un pain, plus loin une pagaye, mon lit et ma caisse renfermant partie de mes effets et mon argent, que, à mon grand désespoir, je voyais s'enfoncer à mesure que l'eau les pénétrait. Tout cela fait bien sur un théâtre, mais la réalité est bien terrible. Nous naviguâmes ainsi dans cette critique situation pendant près d'un kilomètre. Enfin, notre pirogue venant à toucher la pointe d'un arbre mort, submergé et au niveau de l'eau, fut jetée en travers; l'autre bout s'accrocha à un autre arbre de la rive à demi-submergé, et nous nous arrêtâmes là.

» Providentiellement, — car il y a une Providence, soyez-en bien persuadés, — ma malle contenant mon argent, et qui nous avait suivis de loin, vint, aux trois quarts submergée, donner au beau milieu de la pirogue; j'allongeai le bras et la sauvai. Quelques secondes plus tard, elle aurait coulé sans aucun espoir de retour. Il en fut de même de mon waterproof et d'un pain qui vint à nous comme s'il avait su que nous n'avions pas déjeuné. Mais toutes les provisions, quatre sacs de riz, conserves, vins, café, thé, sucre, lanternes, toute la batterie de cuisine, mon lit, mon encre, mon journal particulier, ainsi que tous les instruments, tels que pioches, seaux, pics, pelles, marteaux, palans, cordes, etc.; une grande partie des outils du charpentier et quantité d'effets particuliers furent perdus. C'est surtout mon lit avec ses matelas et ses couvertures que je regrette. Plus tard, on retrouva un baril de bœuf. J'envoyai chercher du secours au village le plus près; on s'empressa de venir, et, après un grand effort, on dégagea et on redressa la pirogue, qui fut sauvée. Je pus donc continuer ma route, et j'arrivai à Bouttiboué dans la journée du dimanche 20. Je commençai immédiatement mon installation dans un village, près des anciennes mines que je suis en train d'explorer activement. Ces mines sont des montagnes de quartz; on y rencontre quelques trous ou puits qui varient de cinq à six mètres de profondeur, tous sur la ligne qui correspond à un filon que l'on dit assez riche. Ces quartz, où l'on ne voit rien à l'œil nu, contiennent de l'or cependant, et l'on dit qu'à une certaine profondeur on trouve des quartz plus riches, où l'or est visible à l'œil nu. J'ai fait retirer quelques seaux de quartz il y a deux jours, et je suis en train de les faire écraser. J'en ai déjà lavé quelques poignées, et j'y ai trouvé de l'or très-fin.

» Hier matin arrivèrent deux pirogues de la Côte avec le cuisinier, ramenant une partie des kroomen qui s'étaient sauvés, et qui, grâce à l'amicale intervention du commandant d'Axim, avaient été arrêtés.

» Ma santé, Dieu merci! se conserve très-bonne, en dépit de la saison pluvieuse, des fatigues et des bains forcés que je prends à chaque instant. Mais je suis redevenu tout à fait Africain, et je crois précisément que ce sont ces fatigues, c'est-à-dire le grand exercice, qui me maintiennent en bonne disposition.

« Une bonne note pendant que j'y pense. Quelque importante que soit la découverte des mines de Mankouma avec ses richesses, aussi bien celles que je puis découvrir ici ou ailleurs, et dont je pourrai facilement obtenir les concessions, il importe que vous soyez assurés qu'elles n'égaleront jamais la richesse des couches inférieures de notre concession de rivière, qui, en outre, présente un avantage immense et incontestable, celüi d'un travail et d'une extraction beaucoup plus prompte, moins coûteuse, plus facile et par cela même demandant un capital moins considérable. Je ne suis guère ingénieur, je puis même dire que je ne le suis pas du tout, mais il me semble que l'on peut trouver des procédés appropriés à l'exploitation de notre concession en grand. Il y a d'abord les instruments pour travailler sous l'eau; il y aussi les barrages et le détournement de la rivière. Dans ce dernier cas, il faudrait s'y prendre à l'avance; les travaux préparatoires devraient être prêts vers la fin de novembre où le commencement de décembre.

« Si l'idée d'un barrage était adoptée, qui empêcherait d'utiliser cette force hydraulique en l'adaptant à une scierie qui débiterait des bois tous prêts pour les marchés européens: on en fabriquerait des radeaux qui seraient transportés sans effort vers la côte à l'époque des hautes eaux?

« *Dimanche 1er juillet.* — Je suis descendu jusqu'au Bonsa, les limites sud de la concession, en faisant la carte de cette partie de la rivière. Samedi, je suis allé à Aodouah; désirant voir l'emplacement qui figure dans mes plans, et j'ai remarqué et puis affirmer que l'endroit où est marqué le barrage n'a guère plus de 25 mètres de large, tout au plus. J'avais pris de la ficelle pour mesurer, mais la dimension de la pirogue que j'avais prise et le courant terrible de la rivière, pleine jusqu'au haut, ne me le permirent pas. Je redescendis à Aodouah où je repris mon canot, avec lequel je redescendis à Bouttiboué, en prenant des notes et des relèvements qui ont pu me permettre de faire la carte approximative de la concession. La pluie continue et le courant qui m'emportait bien plus vite que je ne désirais ne m'ont pas permis d'y noter autant d'observations que j'aurais voulu; mais elle est, je crois, aussi juste qu'on peut le faire dans de pareilles circonstances. Plus tard, nous ferons quelque chose de mieux.

« Bouttiboué, par sa position, juste en dessous des premiers rapides, qui ne sont pas toujours navigables dans la saison sèche, est naturellement désigné comme devant être un entrepôt de l'entreprise. Il nous faut, en outre, un chez nous. Bouttiboué est l'endroit favorable. Il y a une jolie éminence près des bords de la rivière, où je vais construire un magasin avec une petite maison d'habitation en dessus. Derrière cette éminence, à quelques centaines de mètres, vous pouvez remarquer le commencement de la chaîne de montagnes appelée Mankouma, les plus hautes des alentours (800 à 1,000 pieds de haut). Là, si j'ai le temps, je veux aussi défricher une partie du sommet et y construire une petite maisonnette, un *Sanitarium*, où les Européens fatigués iraient rétablir leurs forces en respirant l'air plus vif et plus pur. J'en ferai ensuite autant près du lieu où commencera le travail, près Aodouah.

« Ce sont là, je suis persuadé, des points de la plus haute importance, car de là dépend, je crois, beaucoup la santé de nouveaux Européens arrivant ici. Ces constructions entraîneront très-peu de dépenses. Les portes et les fenêtres demanderont des fermetures, il est vrai, mais le tout sera construit par mes hommes, qui n'ont rien autre chose à faire pendant que le fleuve est haut et que les pluies continuent, ou encore jusqu'à ce que vous m'ayez envoyé des scaphandres, des pompes et autres instruments pour remplacer les pipettes.

« Je ne saurais trop vous le répéter, vous avez une affaire immense entre les mains; je vous prie donc de me seconder de tout votre pouvoir. Je n'ai pas besoin d'ajouter que je suis et reste tout entier décidé à pousser cette grande affaire aussi vite et aussi loin qu'il faudra, et que les moyens que vous m'enverrez me le permettront.

« Recevez, etc. »

## IV

Voici maintenant le texte du traité entre le roi et les chefs d'Apintoe et M. J. Bonnat, de France. Ce traité rédigé en anglais a été
signé par des témoins anglais et français :

« Nous, le roi et les chefs d'Apintoe de l'est Wassaw (Côte-d'Or,
Afrique occidentale), assemblés en conseil le 4 juin de l'année 1877,
après en avoir délibéré ;

« Par le présent, donnons à M. Bonnat, natif de France, le droit
spécial et exclusif d'explorer et d'extraire le sable aurifère gisant
dans le lit de la rivière Ankov depuis l'endroit où le ruisseau Bonsa
s'y jette jusqu'en remontant au village appelé Enkran, situé à
environ trois milles au nord d'Awoduya (1) et ce aux conditions sui-
vantes :

« M. J. Bonnat, natif de France, nous paiera une somme annuelle
de deux cents livres sterling, payable par termes mensuels — de
plus, douze grandes caisses de gin et vingt-quatre pièces d'étoffe —
et cela à partir du premier jour de travail qui devra commencer à la
prochaine saison sèche de la présente année.

« Il est convenu aussi que les indigènes des villages bordant la
rivière entre le ruisseau Bonsa et ledit village Enkran conserveront
le droit de plonger çà et là ainsi qu'ils ont coutume de le faire habi-
tuellement dans la rivière concédée en tant qu'ils ne gêneront pas le
travail de M. Bonnat; mais aucun autre étranger, quel qu'il soit, ne
pourra obtenir le même droit.

« Par le présent, nous donnons aussi à M. Bonnat liberté entière
d'employer tous les moyens qui lui sembleront convenables tels, que
barrage ou dérivation de la rivière, enlèvement des rochers par la
mine, qui pourront lui faciliter ses explorations ou son exploitation.

_____________

(1) Environ trente kilomètres du cours de la rivière.

« Si M. Bonnat ne commençait pas son exploitation au temps fixé plus haut, la présente concession serait nulle et non avenue.

« Fait en triple à Awoduya, le quatrième jour de juin de l'an mil huit cent soixante-dix-sept.

« La présente concession sera tenue pour valable pour dix années à partir du commencement du travail.

« Ont signé :

1 Kwobinah et son héritier.    Angoo, roi du district.
2 Kwamina.        Dookon, capitaine.
3 Kwabinah.       Indool        id.                    TÉMOINS :
4 Kwamina.        Saim      .   id.        Joseph Dawson.
5 Kwabina.        Folec.        id.        Charles B. Gray.
6 Kwakoo.         Akay.         id.        W. A. Dawson.
7 Kofe            Akandoh    id.           Kwamin.      Eddoo.
8 Knessi.         Afful, interprète.             fetish man.
9 Annani.         Kofi,         id.        Knessi.      Samanpah.
10 Kwabinah.      Tokoo, chef.

          M. J. Bonnat, de France. »

V

Ici s'arrêtent les dernières nouvelles de M. Bonnat ; à mesure qu'il poursuit ses découvertes, son ardeur se multiplie, car il rencontre à chaque pas de nouveaux gages de succès ; en même temps aussi il constate la nécessité de procéder sur une grande échelle, car au milieu de tant de richesses inexploitées il ne faut pas attendre qu'une concurrence étrangère, inspirée de mobiles moins nobles et sollicitée par l'appât d'un gain fabuleux, vienne discréditer les entreprises colonisatrices du premier des Européens qui se soit franchement acquis les sympathies des populations noires.

Cependant, la Société qui s'est formée pour faire les frais d'une exploration sérieuse n'avait pas prévu un résultat aussi rapide et n'avait pas réuni d'avance les capitaux nécessaires à une grande exploitation. Il ne s'agit plus, comme l'écrit en ce moment à M. Bonnat un des membres de cette Société, il ne s'agit plus d'une petite association de quelques amis groupés pour subvenir aux frais d'une reconnaissance des lieux et des premiers essais d'exploitation. Le but que se proposait cette association provisoire est atteint et même dépassé. Les scaphandres que réclame l'explorateur vont être envoyés, mais on ne saurait considérer cet envoi que comme précurseur d'autres instruments plus appropriés à une exploitation sérieuse. Les difficultés qu'il faut surmonter sur une grande échelle, l'épuisement de l'eau dans les mines, l'extraction et le broyage du quartz aurifère, l'enlèvement dans la rivière d'une couche de 2 mètres à 2 mètres 50 de gravier et de galets pour mettre à nu la couche précieuse, tout cela exige un matériel puissant et de véritables machines conduites par des hommes expérimentés. Tout cela réclame une organisation, des voies et moyens bien différents de ceux qui ont préparé et assuré le succès de l'exploration.

Il n'y a pas de temps à perdre : pour recueillir tant de richesses, il faut constituer immédiatement le capital nécessaire à la création d'un matériel puissant, à la construction et à l'expédition des machines (les extracteurs Bazin), les seules auxquelles on puisse songer (1), enfin aux frais d'une véritable exploitation industrielle et d'un personnel technique capable de la conduire.

Voici sur quelles bases vient d'être établi le devis de cette exploitation :

Envoi de deux puissants extracteurs (système Bazin) avec machines à vapeur, etc., etc;

Un ingénieur et deux mécaniciens;

Quatre costumes de scaphandre et deux plongeurs (scaphandriers) expérimentés et capables de faire des élèves;

Une installation complète de lavage;

Des pompes et tous autres appareils indispensables dans une exploitation de ce genre.

Le devis établi, on a songé à procéder immédiatement à la formation d'une grande société à laquelle la participation actuelle apporterait les résultats acquis à ce jour au point de vue de l'exploration, l'emploi des machines Bazin, et la concession obtenue par les soins de M. Bonnat.

Les machines Bazin, dont il est question, pourront extraire en moyenne cent mètres cubes de gravier par heure de travail. Un déblai sur une surface de mille mètres en dix heures permettra d'atteindre et d'exploiter rapidement sur une grande échelle la couche aurifère.

« Nous espérons bien, ajoute le correspondant de M. Bonnat, rece-
» voir de vous un sac ou une petite caisse de *graviers et pierres* nous
» montrant exactement la composition moyenne de cette *couche*
» *supérieure* dont l'épaisseur (2 m. à 2 m. 50) est assurément consi-
» dérable. Ne manquez pas de nous donner également, au reçu de la
» présente, des informations très-précises sur toutes les conditions
» de la rivière, sa *largeur*, sa *profondeur* dans la saison sèche; sa
» *navigabilité* de l'embouchure au lieu de l'exploitation ; la *vitesse de*
» *son courant* entre les rapides ; la *hauteur*, la *vitesse* et *l'étendue des*
» *rapides ;* la nature des *berges* et leur élévation ; la configuration du
» *sol avoisinant*; tous ces renseignements nous sont indispensables
» en vue de la construction des extracteurs. Renseignez-nous égale-

(1) Ces extracteurs sont adoptés aujourd'hui pour les grandes exploitations minières ; on peut voir par l'*Exploration,* 3ᵉ volume, *Nouvelles,* p. 15, avec quel succès ils fonctionnent en Californie.

ment sur les moyens de transport à partir soit d'Axim, soit de tel
» point que vous désignerez. Les machines seront construites pour
» pouvoir être démontées en pièces n'excédant par 90 kilogr. et
» seront remontées sur place.

» En ce qui regarde le *lavage*, on pourra dans certains cas adjoindre
» des couloirs ou *sluices* à nos laveurs; mais en ce qui regarde ces
» derniers, nous sommes heureux de vous dire que l'expérience *pra-
» tique* en est faite aujourd'hui, et a dépassé toutes nos espérances.
» L'expédition de Sibérie, dont nous vous avons parlé dans une pré-
» cédente lettre, a maintenant achevé son exploration; nos laveurs
» y ont fait merveille dans des terrains semblables aux vôtres où la
» pipette n'a pu être employée. La poudre impalpable que vous nous
» avez envoyée a été mélangée et pétrie dans une masse d'environ
» 20 litres de sable et *terre argileuse* et le lavage exécuté sous nos
» yeux en quelques secondes a laissé moins de 2 0/0 de perte. C'est
» un résultat splendide que nous n'avions certes pas espéré et que
» vous obtiendrez également avec les nouveaux modèles qui doivent
» aujourd'hui vous être parvenus; ce sont les mêmes que ceux qui
» ont servi en Sibérie. Nous vous avons demandé dans une précé-
» dente lettre de nous envoyer une certaine quantité de la *terre ou
» du sable aurifère*, non lavée, tel qu'il est extrait. Si ce n'est déjà
» fait, n'y manquez pas, sans retard, nous vous en prions. Envoyez
» en même temps une certaine quantité des *minerais* extraits des
» mines, *en nature* également.

» Ce que vous nous dites de cette bourse du roi, de ce trou mys-
» térieux qui recèle un trésor, est extrêmement intéressant. Pouvez-
» vous du moins en connaître la profondeur, la nature du fond, etc.
» M. Bazin pourrait, avec des renseignements suffisamment précis,
» vous faire faire une sonde *d'exploitation*. Ne manquez pas de nous
» renseigner sur ce point aussi exactement que possible.

» L'attente de tous les renseignements ci-dessus demandés ne
» retardera point la formation de l'affaire telle que je vous l'ai
» exposée. Mais, la Société étant constituée, il importe de ne point
» perdre de temps pour la mise en œuvre, la construction du maté-
» riel, etc., etc., et pour cela tous ces renseignements et d'autres
» encore que vous pourrez y joindre sont absolument nécessaires.
» Donc, nous vous en prions encore une fois, point de retard et des
» détails aussi précis que possible. »

Voilà donc où en sont les choses, et nos Sociétés de géographie, qui ont fait à M. Bonnat un accueil à la fois si brillant et si sympathique, ne peuvent que se féliciter de voir leur protégé ouvrir en si peu de temps une aussi belle carrière aux entreprises de notre civilisation, de notre industrie et de notre commerce.

Jamais champ d'exploitation ne s'est ouvert avec des garanties aussi favorables dans ce pays d'une richesse aurifère traditionnelle, véritable Eldorado tropical, dont les trésors ont été, à ce jour, à peine effleurés par une exploitation rudimentaire. L'œuvre d'exploration est terminée. Reste la mise en œuvre industrielle des résultats acquis. De ce côté, le succès est assuré, à la fois par la prodigieuse richesse des terrains à exploiter, et par la concession qu'a obtenue M. Bonnat de la plus riche des rivières aurifères de cette contrée. Il importe aujourd'hui de ne pas perdre un instant, si l'on veut que les capitaux français recueillent le fruit de l'initiative hardie de nos compatriotes.

P. TOURNAFOND,

*Membre de la Société de géographie de France,
membre délégué à l'administration de la
Société de géographie commerciale de Paris.*